फ़ासला

(सपनों से हकीकत के बीच)

जागृति तिवारी

BookLeaf Publishing
India | USA | UK

Made with ❤ on the BookLeaf Publishing Platform
www.bookleafpub.in
www.bookleafpub.com

Dedication

" यह कृति मैं उस ' जागृति ' को समर्पित हैं ,

जिसने टूटकर भी लिखना सीखा ,
और लिखते लिखते जीना |

मेरी लेखनी का हर अक्षर
मेरी ही अस्तित्व की गवाही है | "

Preface

गम में मै हू या मुझमें गुम रहता है ,
सपनों में ही रहता है बसेरा मेरा ,
हकीक़त से वास्ता थोड़ा कम रहता है !

- जागृति तिवारी

Acknowledgements

मेरे हर लफ़्ज़ की जड़ में,
माँ भारती तिवारी (1981) का असीम स्नेह है ,
जिन्होंने मुझे जीवन ही नहीं,
संघर्षों में जीने की शक्ति भी दी।

पिता जगत पति तिवारी (1973) की सीख,
मेरे लिए दीपक-सी राह बन गई।

बहन ओमी (2011) की मासूम मुस्कान,
मेरे उदास पलों का गीत बनी।

भाई रुद्रांश पति तिवारी की ऊर्जा,
मेरे जीवन में नई उमंग का रंग भरती रही।

यह पुस्तक,
उन सबके नाम है–
जिन्होंने मेरे होने को अर्थ दिया

1. हर रात , हर सुबह , हर पल , हर लम्हा !

एक सुई चुभोती है मुझे ,
धीरे - धीरे , आहिस्ता - आहिस्ता ,
हर रात , हर सुबह , हर पल , हर लम्हा |

बहता है खून का एक एक कतरा ,
धीरे - धीरे , आहिस्ता - आहिस्ता ,
हर रात , हर सुबह , हर पल , हर लम्हा |

कोई बड़े हकीम आए है , अवसाद की बीमारी बताते है ,

लोग दवाईयां दे रहे है ,
जहाँ से हो सके दुआएँ बटोर रहे है ,

पर अंजान है ये सब , की धड़कने बोझ बन रही है ,
धीरे - धीरे , आहिस्ता - आहिस्ता ,

अब हर पहर अँधेरा लग रहा है ,
हर रात , हर सुबह , हर पल, हर लम्हा |

2. ख़त !

मेरे आशियानें में कोई ख़त
छोड़ गया है ,

हैरत है इतनी बेबुनियाद
बेगैरत हरक़त ,

भला कौन कर गया हैं ?

अच्छा ! अच्छा ! शायद ख़ैरियत
पूछी है किसी ने ,

उसे कह दो जो यहाँ रहता था ,
उसका पता अब गुम हो गया है !

3. चाँद एक , सितारे हज़ार !

लहरें ऊंची , दूर किनारा ,
ऊपर देखू , एक सितारा |

टिमटिम - टिमटिम जलता जाए ,
ज़ख्मी मेरा अंदरू कर जाए |

वो और मैं, मिलो दूर ,
जाने क्यों मै इतना मज़बूर ?

वो और मैं एक आईना ,
मेरा वजूद उसे कतई भाए न |

हर इंसान का एक सितारा ,
देखो बन गया आसमां हमारा |

मैं बनना चाहूं चाँद का टुकड़ा ,
पर बदसूरत सा मेरा मुखड़ा |

एक मुश्किल है आन पड़ी ,
जोड़ू भला कैसे उसकी कड़ी ?

चाँद एक , सितारे हज़ार ,
मेहनत करनी पड़ेगी लाखों बार |

मुझमें भी तो ठहरी लाख कमी ,
चाँद में भी तो है दाग सही !

4. चकोर की चाँदनी !

मैं टुकुर टुकुर बस तकू उसे ,
जनता हूँ , है पहुँच से परे ,

है जानती तो ये वो भी है ,
तभी रोशनी बिखेरती है,

मैं पर फैलाऊ वो शर्मा जाये,
मैं छुप जाऊ तो मुर्झा जाये,

मैं उस चाँदनी का चकोर हूँ,
पनाह पाने की हसरत से मज़बूर हूँ,

मुझे जो वो देख ले तो पूर्ण रूप से खिले ,
ऐसा प्रकृति खेल करे कि ये मिलन भी हो सके !

5. मैं !

कैसा आदमी है ?
जो किस्मत से लड़ने को खड़ा है |

हाथों में है न हथियार कोई ,
फिर भी बाज़ी पलटने पे अड़ा है |

आँखों के नीचे कालेपन की करवटें हैं ,
माथे पर न जाने कितनी सिलवटें हैं ,

फिर भी दिल थामे अपनी ज़िद पे अड़ा है |

कैसा अजीब शख़्स है सबकुछ खोने पे तुला है ,
आईने के सामने खड़ा है |

6. हलक !

पलकें झुकी झुकी हैं ,
पैरों में कपकपी हैं, ,

दिल ज़ोरो से धड़क रहा है ,

साँसें थमी थमी सी हैं ,
आवाज़ हलक में रुकी हैं ,

क्योंकि वो मेरे सामने खड़ी हैं |

7. महताब !

दरकार नहीं किसी की,
मैं अपने ढंग रुतबे में मलंग रहता हूँ।

कफ़न से ऐहतियात तुम बरतो रफ़ीक़ों ,

मैं तो सफेदी और फूलों की
महताब में महकता हूँ।

8. सलीका !

ये दिलकशी, दिलखुशी, दिल्लगी
में बताओ फ़र्क़ क्या है ?

ये मांस का लोथड़ा अलग हो जाए,
तो तुझमें और मुझमें फ़र्क़ क्या है ?

है आपको किस औधे या ख्वाब-ए-बे-ताबीर का गुरूर ?

सुलझे मसलों को उलझाने में वक़्त नहीं लगता जनाब,

अगर इंसान अहम में डूबा हो तो,
दौलत और इल्म में फ़र्क़
क्या है ?

9. पर !

कुछ लोग आए है आसमां से,
ज़मीं में हज़ार कमियां बताया करते है |

जाने कैसे बाशिंदे है,
फसलों को बंजर बताया करते है |

उठे है ये जहाँ से,
उसी को घिनौना बताया करते है |

अब इनको भला कौन बताए,
परिंदों के पर भी थक जाया
करते है |

10. महफ़िल !

मुकद्दर कब कैसी बाज़ी पलटती
है ,
ये तो हम हर उम्र के पड़ाव पर ही
देखते है |

आज भी महफ़िल में तुम्हारा
उठता है नाम ,
तो लोग बाखुदा मेरी ही ओर
देखते है |

11. नाम !

मैं राह कहूँ
तुम साथ समझना ,

मैं चकोर कहूँ
तुम चाँद समझना ,

मैं हाथ कहूँ
तुम लकीर समझना ,

मैं बात कहूँ
तुम राज़ समझना ,

मैं चाह कहूँ
तुम अपना नाम समझना !

12. यादें !

पल हो अक्सर या बातें
यादें ही बन जाती हैं।
कभी तस्वीरों में कैद होकर,
कभी सोच में छप जाती हैं।

यादें ही हँसाती हैं,
यादें ही रुलाती हैं।

कुछ जी रहे ज़िन्दगी यादों के सहारे,
कई उन्हीं में उलझ कर मर गये।

वो एक लम्हा, वो एक पल
कहीं किसी की मुस्कुराहट है,
और वही लम्हा वही पल
कहीं किसी की रुकावट है।

इन्हीं लम्हों ने जाने कितने जीते हैं दिल,
और न जाने कितने दिल हारे हैं।

पल हो अक्सर या बातें

यादें ही बन जाती हैं।
कभी तस्वीरों में कैद होकर,
कभी सोच में छप जाती हैं।

13. काश !

परिंदों की क्या सीरत है,
उनकी मनचाही ज़िन्दगी है।
कभी इधर घोंसला बनाते हैं,
कभी उधर बसेरा डालते हैं।

काश! मैं भी एक चिड़िया होती,
लंबी ऊँची उड़ान होती।
ना रिश्तों की कोई फ़िक्र होती,
सिर्फ़ सामने ऊँचाई की सोच होती।

हाँ! बंजारे सा जीवन होता,
हाय! वो भी क्या ग़ज़ब की बात होती।
जिस शाख़ पर डेरा डालो,
वही अपना घर-बार होता।

रंग-बिरंगे फूलों में
खूब मन भर जी बहलाती मैं।
फिर जब भी मेरा मन करता,
आसमान में फुर्र कर उड़ जाती मैं।

14. आत्मघात !

एक डोर संभाले साँसों को,
साँसों में बहुत शोर है।

एक दिन की बात है या
बात सालों पुरानी है।

अंधेरा छोड़ रोशनी में
भी दिखती नहीं परछाईं है।

शब्द पिरोए मोती की तरह,
समंदर की मेहरबानी है।

डूब लो जी भर के मैं,
कि चुप्पी में भी गहराई है।

15. हमारी कहानी !

वो खामोश है, मैं खामोश हूँ,
फिर भी न जाने कैसा शोर है |

आँखों आँखों में होती है हरकत,
फिर भी लबों पर ताला है,
दोस्ती तक ही है बात अपनी,
या
रिश्ता ज़रा पुराना है |

संजीदगी है माहौल में,
फिर भी तलाश अभी जारी है |

दिल तो कहता है वही है वो,
पर दिमाग में अभी सवालि है |

आँखें थी झील सी उसकी,
कुछ कदमों की दूरी दरमिया थी |

बात कौन पहले आगे बढ़ाए,
बस इसी उलझन में हमारी कहानी है |

16. बूँद !

हूँ बादलों की गोद में पली ,
हैं मेरे जैसी ही मेरी सखी |

मैं बूँद हूँ बरसात की ,
हूँ ज़रूरत हर इंसान की |

चूम लू ज़मी तो मैं,
फसलें भी उठ उगे |

इकलौती है साज़ मेरी ,
क्योंकि हूँ बाकी मौसमों से परे |

मैं हर प्यास को बहलाई हूँ ,

हूँ एक एक बन जो गिरी ,
तो सागर भी कहलाई हूँ |

17. तुम्हारी - हमारी !

रंजिशें तुम्हारी , दिलकशी हमारी |

ख़ूबसूरती तुम्हारी , नज़रे हमारी |

नींद तुम्हारी , करवटें हमारी |

नब्ज़ तुम्हारी , साँसें हमारी |

लफ़्ज़ तुम्हारे , नज़्में हमारी |

शिकायतें तुम्हारी , गुस्ताख़ी हमारी |

डोर तुम्हारी , पतंग हमारी |

तलवार तुम्हारी , गर्दन हमारी |

दिल तुम्हारा , धड़कनें हमारी |

उफ़ ! तुम्हारी , हाज़िरी हमारी |

उलझनें तुम्हारी , दिल्लगी हमारी |

हाथ तुम्हारा , लकीरें हमारी |

हामी तुम्हारी , हथेलियाँ हमारी !

18. उम्र !

कोहिनूर का मोल तुम लगाओ ,
मैने खोटे सिक्के भी चलते देखें है |

देखा है मैंने अपनो के सीने पर ,
पैर रखकर खुद ताज़ पहनते देखें है |

इस दुनिया में ऐसा कोई इंसान नहीं ,
जिसमें छुपा कोई राज़ नहीं ,

किसी को मात्र देखने पर मत जाओ,
मैंने उम्र को समझदारी की मोहताज़ नहीं होते देखे है |

19. थकान !

मैं देख सकू तो देखू तो ,
ये डर पर कैसा पहरा है ?

झाँक सकू अगर अंदरू मेरा ,
तो यक़ीनन चोट बहुत ही गहरा है |

बात करूं अगर साँसों की तो ,
उनके हाथों ही शरीर का रोज़गार है ,

पर बात आगे न कहूं तो ही सही ,
क्योंकि हिम्मत ही बेरोज़गार है |

20. ज़लीलियत !

इश्क़ का तोहफ़ा, रिश्तों का धागा,
ना जाने देता कितनी ज़लीलियत है।

बात तो ये हर घर जाने,
पर रोक न पाए कोई एक भी।

उछाल सिक्का, देख ले हक़ीक़त,
चीत-पट दोनों एक ही।

21. युद्ध !

दो तरफे की बाज़ी है ,
दोनों ही परले भारी है ,
सूखा है मैदान क्षणिक भर ,
रक्त की ही प्यासी है |

मुठभेड़ हुई , ज़मी काँप गई ,
आर पार होने की तैयारी है ,
ये युद्ध की चिंगारी है |

रथों के पहिए टूट गए ,
चलते भाले चीर पड़े ,
तलवारों की अब बारी है ,
ये युद्ध बहुत खूंखारी है |

लाशों के है ढेर पड़े ,
देह भी कटके पिस पड़े ,
अब कफ़नो की खरीदारी है ,
ये युद्ध नहीं मातम की तैयारी है |

ये सफ़ेदी की है , क्यों भीड़ खड़ी ?

लाखों औरतें क्यों बिलख रही ?
न जाने कितने देह पड़े ,
गिन गिन के विधवाओं को हाथ थके ,
ये बच्चे है चिल्लाते क्यों ?
ये टूटी चूड़ियाँ है बिखरी क्यों ?

हैं गिद्धों का यहाँ झुंड सज़ा ,
ये मार्मिक दृश्य बहुत ही भारी है ,
ये युद्ध नहीं महामारी हैं |

www.ingramcontent.com/pod-product-compliance
Lightning Source LLC
La Vergne TN
LVHW022032200926
848481LV00007B/2655

* 9 7 9 8 8 9 8 6 5 8 9 4 6 *